Unterhose - Ufo

U u

𝒰 𝓊

Unterhose - Ufo

𝒰 𝓊

Nase

Nase

N *n*

4

Insel

I i

Insel

Maus

M m

Maus

M m

M M . . . . . . M

m m . . . . . m

M M M

m m m

M m M m

M M M

m m m

M m M m

im im

um um

Ente - Esel

E e

Ente - Esel

$\mathcal{E}$ $\mathcal{l}$

E E .... E

l l l

E E E

l l l

E l E l

E E E

l l l

Ei Ei

mein mein

meine meine

nein   *nein*

neu   *neu*

ein   *ein*

eine   *eine*

ein		*eine*		*eine*	

Ordner - Oma

O o

Ordner - Oma

Omi

Dino

Mond

Affe - Ameise

A a

Affe - Ameise

A A . . . . . A

a a . . . . . a

A A A

a a a

A a A a

A A A

a a a

an an

am am

da da

Roller

R r

Roller

R R R   R

r r   r

R R   R

r r   r

R r   R r

R R   R

r r   r

er   er

der   der

Reim   Reim

den den

dem dem

nur nur

dann dann

dünn dünn

oder oder

müde müde

rund rund

dein dein

deine deine

reden reden

rudern rudern

ordnen ordnen

reimen reimen

rennen rennen

räumen räumen

12

Sonne

S s

Sonne

Land — Land

das — das

Rose — Rose

so · · · · · · · · · · · · so

sie · · · · · · · · · · · · sie

sein · · · · · · · · · · · · sein

seine · · · · · · · · · · · · seine

sind · · · · · · · · · · · · sind

nass · · · · · · · · · · · · nass

diese · · · · · · · · · · · · diese

dieser · · · · · · · · · · · · dieser

deine · · · · · · · · · · · · deine

unser · · · · · · · · · · · · unser

unsere · · · · · · · · · · · · unsere

rasen · · · · · · · · · · · · rasen

essen · · · · · · · · · · · · essen

sausen · · · · · · · · · · · · sausen

reisen · · · · · · · · · · · · reisen

messen · · · · · · · · · · · · messen

der Arm		
die Oma		
das Rad		
die Maus		
das Meer		
der Euro		
die Dose		
die Rose		der Arm
die Nase		
die Erde		
das Radio		
die Mauer		
die Sonne		
die Nüsse		
die Ameise		
das Messer		

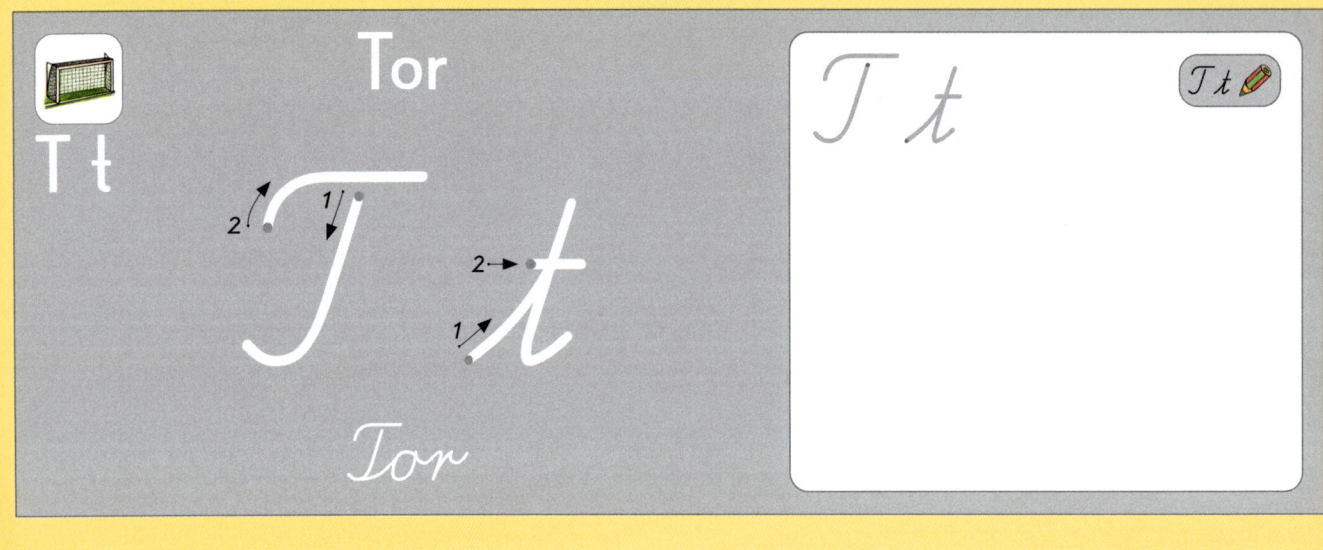

Tor

Tt

Tor

T T · · · · · · · · · · · · · T

t t · · · · · · · · · · · · · t

T T T

t t t

T t T t

T T T

t t t

Tor Tor

nett nett

Auto Auto

Tomaten sind rot.

Tomaten sind rot.

Tina redet im Traum.

Trudi träumt im Tor.

Toni reimt am Strand.

Omi turnt an einem Ast.

Die Mäuse essen eine Torte.

Rudi rudert mit der Mama.

In der Tonne sind Ameisen.

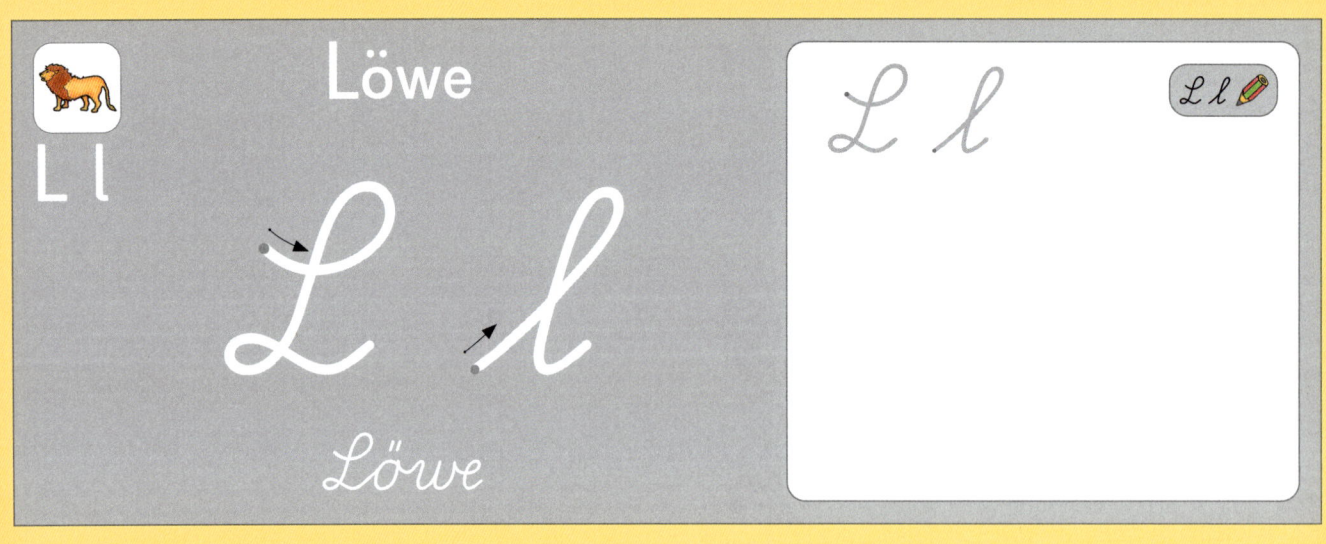

L l

Löwe

L L · · · · · · · L

l l · · · · · · · · l

L L L

l l l

L l L l

L L L

l l l

alle alle

Lied Lied

Lolli Lolli

Lilli liest im Laden.

Leos Laterne ist lila.

Lilo malt neun Läuse.

Esel eilen in den Stall.

Linda isst nur Nudeln.

Alle Lose sind in Dosen.

Lisa sammelt alte Lollis.

Alis Laster rollt in Leim.

der Stern	
das Tor	
der Esel	
die Insel	
das Auto	
der Roller	
die Eule	
der Sessel	
die Tasse	
die Leiter	
das Seil	
die Ente	
die Nudel	
die Laterne	
der Teller	
das Nest	

der Salat	
die Tonne	
das Lineal	
der Mantel	
die Tür	
der Stein	
die Tanne	
der Seestern	
die Tomate	
die Trommel	
der Laster	
der Ast	
die Nadel	
der Tee	
der Turm	
das Osterei	

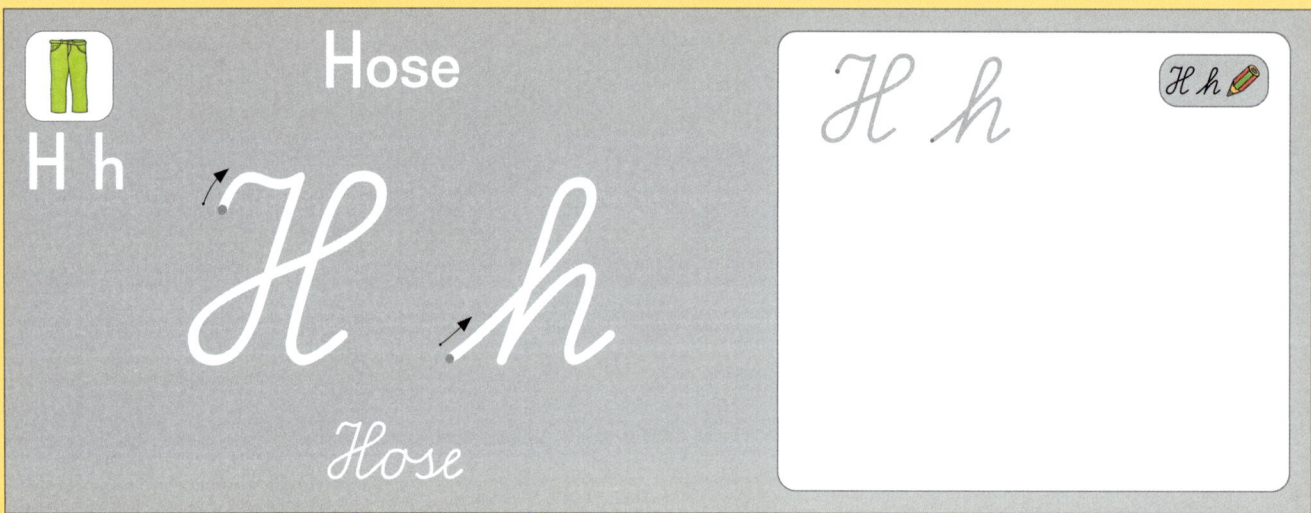

Hose

H h

Hose

H H · · · · · · · H

h h · · · · · · · · h

H H H

h h h

H h H h

H H H

h h h

Hose Hose

Haus Haus

heute heute

Hunde heulen im Heu.

Der Himmel ist heiter.

Hänsel hat helle Haare.

Hummeln heiraten nie.

Hans hat einen Hamster.

Heidi hat einen Hammer.

Hannis Huhn hat Husten.

Heinis Hasen essen Halme.

Dach - Milch

Ch ch

Ch ch

Dach - Milch

Ch Ch · · · Ch

ch ch · · · ch

Ch Ch Ch

ch ch ch

Ch ch Ch ch

Ch Ch Ch

ch ch · ch

Chinese Chinese

Dach Dach

ich ich

Lurche lachen nicht.

Acht Chinesen tauchen.

Das Dach ist aus Eiche.

Ich mache tolle Lachen.

Michael macht Streiche.

Lachen macht dich reich.

In dem Tuch ist ein Loch.

Drachen riechen nach Rauch.

Ich turne an Ästen.

Ich stehe im Tor.

Ich mache Milch.

Ich tauche im Meer.

Ich rolle herum.

Ich strahle hell.

Mein Name ist Ente.

Ich male toll.

Ich turne an Ästen.

Ich leuchte nachts.

Ich mache das Essen.

Mein Name ist Hase.

In mir ist der Müll.

Mit mir riecht man.

Mit mir sieht man.

Mein Name ist Erde.

Mich lesen die Leute.

Schere

Sch sch

Sch sch

Sch sch

Schere

Sch   Sch   ·   ·   Sch

sch   sch   ·   ·   sch

Sch   Sch   Sch

sch   sch   sch

Sch sch   Sch sch

Sch Sch   Sch

sch sch   sch

Schere   Schere

Tisch   Tisch

schön   schön

Im Schuh ist Schnee.

Es schneit in die Tasche.

Ich nasche Schnittlauch.

Im Schrott sind Scheren.

Am Tisch ist Schimmel.

Der Schlitten ist schnell.

Schneemänner sind schön.

Ich schnarche in der Schule.

Banane

B b

Banane

B B   · · · · · · · · · · · B

b b   · · · · · · · · · · b

B B   B

b b   b

B b   B b

B B   B

b b   b

Banane   Banane

lieb   lieb

bauen   bauen

Brittas Boot ist bunt.

Bert bastelt eine Brille.

Birte badet in Brasilien.

Bello bellt Bananen an.

Bernd bürstet seine Beine.

Bennos Bruder ist blond.

Beate bemalt Bibis Bauch.

Boris besucht die Bücherei.

Ich habe acht Beine.

Ich bin schon älter.

Ich bin ein Bär.

Ich bin sehr laut.

Ich bin sauer.

Ich schäume schnell.

Das ist mein Schnabel.

Ich brauche Schnee.

Ich bin eine Banane.

Ich bin sehr hoch.

Ich habe ein Schloss.

Ich bürste die Haare.

Meine Schale ist hart.

Ich bin aus Schnee.

Ich habe Blätter.

Ich bin ein Brot.

Koffer

K k

Koffer

K K · · · · · · · K

k k · · · · · · · k

K K K

k k k

K k K k

K K K

k k k

Kinder Kinder

kauen kauen

Krokodil Krokodil

Kati kaut einen Keks.

Kamilla knetet Knete.

Karl kocht in der Küche.

Der Kaiser trinkt Kakao.

Kerstin krabbelt im Kreis.

Klara küsst einen Kobold.

Kamele bekommen Karies.

Kalli kommt aus Kanada.

Wolke

W w

Wolke

W W · · · · W

w w · · · · · w

W W W

w w w

W w W w

w W W

w w w

Wolke   Wolke

weinen   weinen

Wunder   Wunder

Der Wind weht wild.

Wer will eine Wurst?

Werner wartet wütend.

Willi war im Weltraum.

Woher kommen Wichtel?

Walter wandert im Wald.

Wale weinen in der Wüste.

Wir wollen warmes Wetter!

Ich habe eine Krone.

Ich habe einen Rüssel.

Ich bin im Weltall.

Ich mache tolle Musik.

Ich lebe im Wasser.

Ich habe dünne Seiten.

Ich kann laut bellen.

Ich habe Dornen.

Dieses Tier hat Hörner.

Dieses Tier kriecht herum.

Dieses Tier kräht laut.

Dieses Tier ist ein Dackel.

Dieses Tier hat Stacheln.

Dieses Tier ist sehr klein.

Dieses Tier ist nicht echt.

Dieses Tier hat Kiemen.

Fisch

F f

Fisch

F F · · · · · · · · · F

f f · · · · · · · · f

F F F

f f f

F f F f

F F F

f f f

Fisch   Fisch

Affe   Affe

Fest   Fest

Fanni faltet fabelhaft.

Ferdi findet Schiffe toll.

Tiffi feiert mit fünf Feen.

Fette Ferkel sind nicht fit.

Frank hat freche Freunde.

Fische haben keine Federn.

Füchse fressen Frikadellen.

Frankas Finken flöten fein.

Pilz

P p

Pilz

P p

P P   P

n n   n

P P   P

n n   n

P p   P p

P P   P

n n   n

Pinsel   Pinsel

Luppe   Luppe

Puppe   Puppe

Petras Pudel liebt Pink.

Paula pfeift beim Sport.

Der Neptun ist ein Planet.

Philipp pflückt Pflaumen.

Opi paddelt nach Panama.

Pias Pommes sind prima.

Papa plappert ohne Pause.

Pappbecher sind aus Pappe.

Ich fische frische Fische.

Ich habe eine Uniform.

Ich bin ein kleines Pferd.

Ich bin ein Hosenknopf.

Ich lebe im Puppenhaus.

Ich habe fünf Stufen.

Diese Flasche ist leer.

Briefe sind aus Papier.

Affen fressen keine Pappe.

Fahnen wehen im Wind.

Fenster sind oft offen.

Hupen sind oft laut.

Hampelmänner hampeln.

Feen leben in Märchen.

Die Lampe braucht Strom.

Löffel löffeln Suppe.

Gabel

G g

Gabel

G G · · · · · · · · · G

g g · · · · · · · · · g

G G G

g g g

G g G g

G G G

g g g

Gabel Gabel

Bagger Bagger

Geige Geige

Gunnars Gitarre ist gelb.

Gerlindes Gebiss ist grün.

Georg gewinnt eine Gabel.

Geier fressen kein Gemüse.

Geros Gulasch ist gefroren.

Gerds Gesang ist grässlich.

Guido grillt gerne Gurken.

Geister lieben Gruselgebrüll.

Jo-Jo

J j

Jo-Jo

Jj

Jo-Jo

ja

Junge

Jürgen hat eine Jacht.

Judith kauft eine Jacke.

Jens jubelt über Juwelen.

Josef ist jünger als Anja.

Julias Nase juckt im Juli.

Jupp jammert im Januar.

Jans Joghurt ist aus Japan.

Jakobs junger Jaguar jault.

Joghurt ist aus Milch.

An Fingern sind Nägel.

Gänse haben Flügel.

Dieser Junge ist fröhlich.

Jacken halten uns warm.

Am Hemd ist ein Kragen.

Aus Wolken fällt Regen.

Gurken sind gesund.

Gläser sind aus Glas.

Das Gespenst ist lustig.

Schafe werden geschoren.

Spiegel spiegeln uns.

Dies ist ein Regal.

Tiger sind Raubtiere.

Dies ist eine Säge.

Spaghetti sind lecker.

Zahn

Z z

Zahn

Z z

Z Z · · · · · · · · Z

z z · · · · · · · · z

Z Z Z

z z z

Z z Z z

Z Z Z

z z z

Zahn Zahn

tanzen tanzen

Witz Witz

Diese Ziege ist zahm.

Auf dem Zeh ist Zimt.

Im Zoo gibt es Zebras.

Der Zahnarzt hat Zöpfe.

Die Zeitung ist zerknittert.

Zucker zerstört die Zähne.

Der Zwerg zappelt zornig.

Zwieback zerkrümelt zügig.

Vogel - Vase

Vogel - Vase

𝒱 𝓋

𝒱𝒱 · · · · · · · · 𝒱

𝓋𝓋𝓋 · · · · · · · 𝓋

𝒱𝒱 𝒱

𝓋𝓋 𝓋

𝒱𝓋 𝒱𝓋

𝒱𝒱 𝒱

𝓋𝓋 𝓋

Vogel Vogel

Vase Vase

viel viel

Veronas Vogel ist verliebt.

Am Vulkan ist Lava.

Vati verkauft viele Veilchen.

Vera wohnt in einer Villa.

Verenas Verband ist violett.

Vampire verspeisen Vanille.

Vanessa kann gut vorlesen.

Volker versalzt seine Suppe.

Ich verpuppe mich.

Ich verbrauche Benzin.

Ich verteidige das Tor.

Ich verfolge Verbrecher.

Ich bin verkleidet.

Ich bin verknotet.

Ich bin verletzt.

Ich bin verschlossen.

Zähne haben Wurzeln.

Aus mir wird vorgelesen.

In Zelten wird gezeltet.

Zangen sind Werkzeuge.

Zwiebeln haben Schalen.

Dies ist eine Pfütze.

Spritzen sind spitz.

Katzen haben Tatzen.

Fuß

ß

Fuß

ß ß · · · · · · · · ß

ß ß ß

ß ß ß

Fuß Fuß

süß süß

heiß heiß

groß groß

Spaß Spaß

Straße Straße

fleißig fleißig

Fußball Fußball

Opa hat große Füße.

Omas Füße sind größer.

Bert mag süße Sachen.

Olli spielt gut Fußball.

Susi grüßt ihren Heinz.

Selma kocht weiße Soße.

Pia schießt über das Tor.

Mehmet beißt in sein Eis.

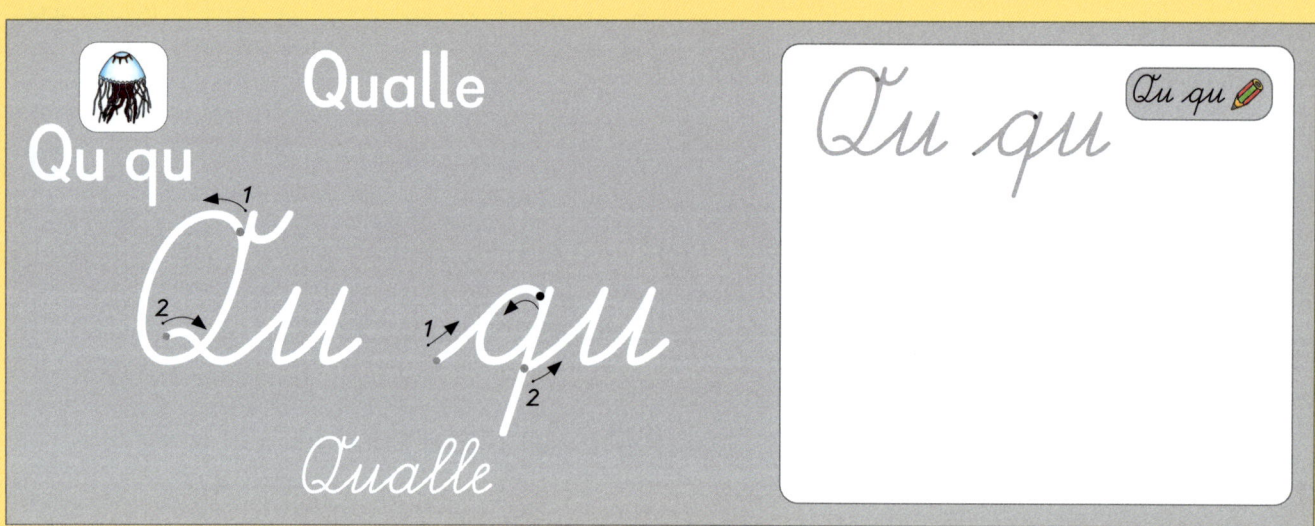

Qu Qu · · · Qu

qu qu · · qu

Qu Qu Qu

qu qu qu

Qu qu Qu qu

Qu Qu Qu

qu qu qu

Qualle Qualle

Quartett Quartett

quatschen quatschen

Das Quartett qualmt.

Quallen quietschen nicht.

Quentin zeichnet Quadrate.

Kaulquappen quaken nicht.

Jetzt ist es endlich so weit.

Jetzt ist es endlich so weit.

Ich lese Druckschrift

und ich schreibe Schreibschrift.

Mache ich das nicht toll?

Ich tauche sehr tief.

Ich habe zwei Höcker.

Ich sammle süßen Nektar.

Ich habe eine Mähne.

Mein Hals ist sehr lang.

Ich jage Mäuse und Vögel.

Ich lege Frühstückseier.

Mich jagt die Katze.

Sie kommt nach der Zwei.

Sie kommt vor der Acht.

Sie kommt vor der Drei.

Sie kommt vor der Neun.

Sie kommt vor der Zwei.

Sie kommt vor der Fünf.

Sie kommt nach der Vier.

Sie kommt vor der Sieben.

1

2

3

4

5

6

7

8

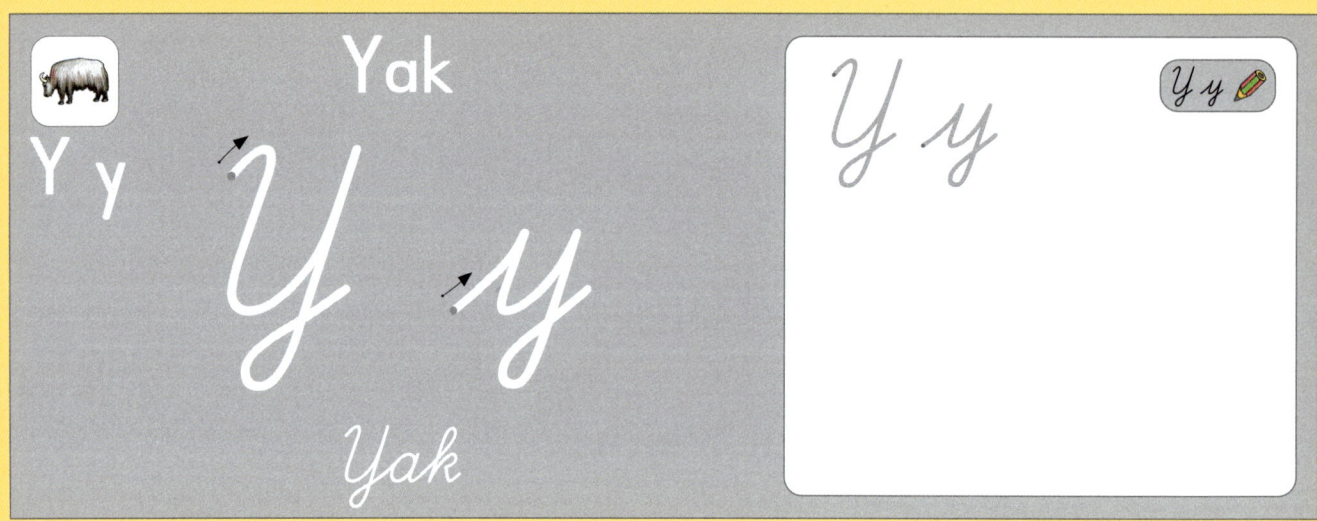

Yak

Y y

Yak

Y Y . . . . Y

Y Y . . . . Y

Y Y Y

Y Y Y

Y y Y y

Y Y Y

Y Y Y

Yak Yak

Pony Pony

Baby Baby

Ponys sind kleine Pferde.

Yannick jault beim Yoga.

Ayse hat eine Babypuppe.

Ronny baut eine Pyramide.

Pferde leben in der Herde.

Flöhe springen in die Höhe.

Schweine haben kurze Beine.

Hasen hoppeln auf dem Rasen.

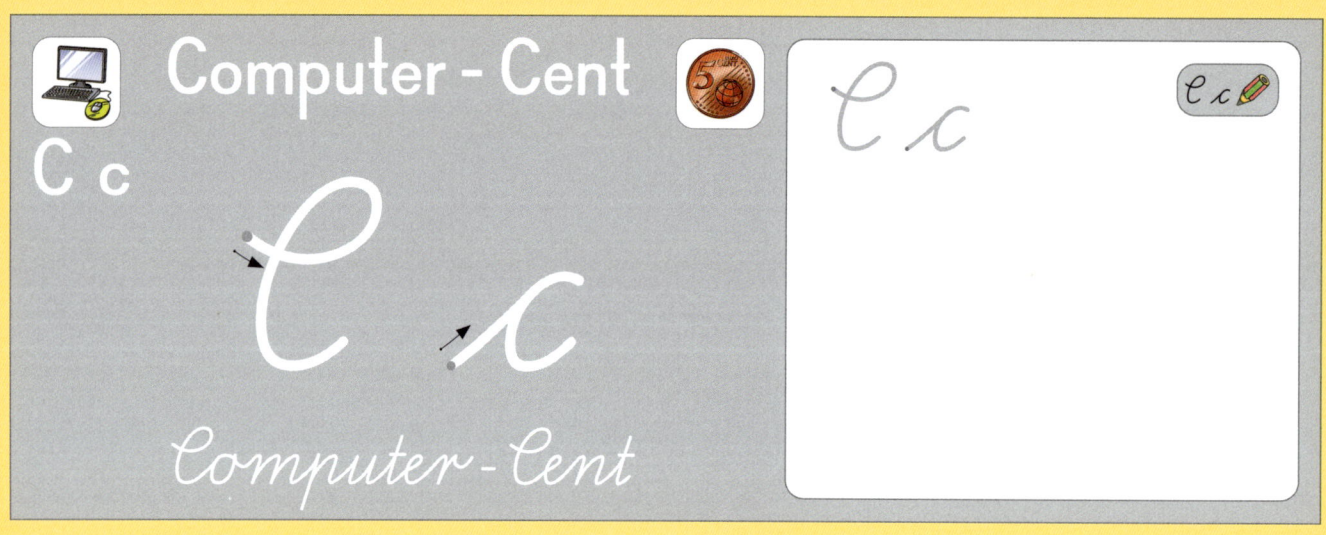

Computer - Cent

C c

Computer - Cent

C C · · · · · · · · · C

c c · · · · · · · · · c

C C   C

c c   c

C c   C c

C c   C

c c   c

Computer   Computer

Clown   Clown

Cent   Cent

Camilla singt im Chor.

Der Clown liebt Comics.

Claras Creme riecht nach Curry.

Carlos ist ein cooler Cowboy.

Anne sägt an einer Tanne.

Ronny sitzt auf einem Pony.

Nora kauft sich einen Bohrer.

Heiner ist ein guter Schreiner.

Sie zeigt uns die Zeit an.

Aus ihm fließt Wasser.

In ihm brüten Vögel.

Auf ihnen fahren Züge.

In ihr werden Eier gebraten.

Er schützt uns vor Regen.

In ihm stehen oft Bücher.

Sie schwingt hin und her.

Wo ist der andere Schuh?

In ihm sitzt man bequem.

Auf ihr fahren viele Autos.

In ihm wird gekocht.

Aus ihr wird getrunken.

Er flattert leicht im Wind.

Sie schneidet Papier.

Er hat fünf Arme.

Xylofon

X x

Xylofon

X X   X

x x   x

X X   X

x x   x

X x   X x

X X   X

x x   x

Xylofon   Xylofon

Taxi   Taxi

Mixer   Mixer

Hexen lieben Mixer.

Eine Nixe sitzt im Taxi.

Trixi kauft ein Xylofon.

Max ist ein guter Boxer.

Gerd bedient den neuen Herd.

Sabine füllt die Spülmaschine.

Susanne hält die große Pfanne.

Frank liegt auf der Küchenbank.

Käse mag die kleine Maus.

Sie ist auch gar nicht dumm.

In ihrem kleinen Mäusehaus

liegt stets genug herum.

Jo-Jos hängen oft am Finger.

Jo-Jos sind sehr munter.

Fröhlich tanzen diese Dinger

rauf und wieder runter.

Oben an dem Himmelszelt

strahlt die Sonne heiß.

Unten nehme ich mein Geld

und kaufe mir ein Eis.

Schnecke Theo fragt sich bang:

„Wie komme ich nur heim?"

Lieber Theo, denk nicht lang,

gleit auf deinem Schleim.

Langer Hals, dünnes Bein,

das passt nicht zu Affen.

Affen müssen anders sein,

sonst wären sie Giraffen.

Dieser Ball hieß Rainer.

Er wurde immer kleiner.

Pumpen hatte keinen Zweck.

Schließlich war er weg.

Pfffff...

Es gab da mal ein Mädchen,

das wollte stets ein Rädchen.

Es kriegte einen Roller,

den fand es noch viel toller.

Es gab da einen Jungen,

der hat so schief gesungen,

dass alle Leute maulten

und alle Hunde jaulten.

„Alle meine Entchen ..."

Ihr habt kräftig nachgedacht.

Ihr habt euch angestrengt.

Hoffentlich habt ihr gelacht.

Das dürft ihr, wenn ihr denkt.

Hätte dieses Heft zwei Beine,

würde es jetzt gehen.

Kinder, wisst ihr, was ich meine?

Tschüss, auf Wiedersehen.